## Bitte sehr und danke schön

## Husten, rülpsen und pupsen

## Vor hundert Jahren

## Quiz

Ist pupsen peinlich?
Das kinderleichte Benimm-Buch

SPIELEN & LERNEN
Band 11
Velber Verlag

Freiburg im Breisgau

Konzept und Text: Astrid Hille & Dina Schäfer
Illustrationen: Barbara Stachuletz
Layout: Anja Schmidt
Repro: Baun PrePress, Fellbach
Druck und Bindung: Proost, Belgien
ISBN 3-86613-510-6
ISBN 978-3-86613-510-9

SPIELEN & LERNEN

# ist pupsen peinlich?

## Das kinderleichte Benimm-Buch

Astrid Hille & Dina Schäfer
Barbara Stachuletz

# Mensch, wie peinlich!

„Mittagessen ist fertig!“, ruft Mama über den Flur.
Heute trödelt Jan nicht. Er will einen guten Eindruck machen, weil Robert zu Besuch ist, sein Lieblingsonkel. Darum fährt Jan sein Spielzeugauto schnell ins Parkhaus und saust in die Küche.

„Bin schon da!“, sagt er fröhlich und setzt sich zu Mama und Robert an den Tisch. Diesmal ist Jan nicht der Letzte. Papa sitzt noch im Wohnzimmer und liest Zeitung. Doch das scheint Mama nicht zu stören. Sie lädt sich einen Berg Spagetti mit Tomatensoße auf den Teller und fängt an zu mampfen.
Jan wundert sich. „Warten wir nicht auf Papa?“, fragt er.
„Keine Lust!“, schmatzt Mama mit vollem Mund.
Jan ist verdutzt. Was ist mit Mama los? Jgitt, jetzt läuft ihr auch noch Tomatensoße übers Kinn. Als Mama mit der Hand drüberwischt und alles verschmiert, schaut Jan sie entgeistert an. Was soll bloß Robert denken? Unsicher schielt Jan zu ihm.
Robert zuckt mit den Schultern und sagt: „Na dann guten Appetit!“
Da schlurft Papa zur Tür herein, seine Haare sind verstrubbelt, sein Hemd ist schief geknöpft. Krachend lässt er sich auf den Stuhl fallen.

Vor Schreck rutscht Jan die Gabel aus der Hand.
„Her mit dem Futter!", ruft Papa laut und greift quer über den Tisch nach der Tomatensoße.
„Halt! Zuerst will ich noch was!", faucht Mama. Sie zerrt an der Schüssel, Soße schwappt über und landet – platsch – auf der Tischdecke.
Jan kann es nicht fassen, wie die zwei sich benehmen!
Und das vor Robert!
Der räuspert sich und sagt: „Tischdecken ohne Flecken sind langweilig."
„Genau!" Mama nickt schmatzend.
„Und saubere Böden auch", kichert Papa und zermatscht mit dem Fuß eine Nudel auf dem Boden.
Da ruft Mama: „Wisst ihr, was man mit Spagetti noch anstellen kann?"
Übermütig angelt sie welche aus der Schüssel und legt sie sich als Krone auf den Kopf. „Jch bin die Nudelkönigin, die Nudelkönigin!", johlt sie.
„Sehr witzig!", zischt Jan. Er sitzt stocksteif da und würde sich am liebsten in Luft auflösen. Als Papa auch noch in der Nase bohrt, reicht es Jan. Zornig schiebt er seinen Teller weg. „Jhr seid unmöglich ... total eklig!"

„Finde ich nicht“, brummt Papa und schlürft sein Glas leer.
„Man schlürft nicht beim Trinken“, sagt Jan aufgeregt. „Das sagst du mir doch jeden Tag.“

„Ach, ist jetzt egal“, murmelt Papa.
„Aber mir nicht!“, schreit Jan.
„Warum brüllst du denn so?“, fragt Mama erstaunt.
„Weil ich will, dass ihr aufhört!“, schimpft Jan.
„Womit denn?“, fragen Mama und Papa.
„Mit dem Rumschmieren und mit eurer peinlichen Esserei!“, sagt Jan energisch.
„Ach so.“ Mama lacht. „Also gut. Aber verkehrt herum war's doch lustig, oder?“
„Jch fand es jedenfalls ganz witzig“, sagt Robert und grinst.
„Na ja“, mault Jan erleichtert. „Das war ja total übertrieben. So schlimm bin ich bestimmt nicht.“

*Eva Karnetzky*

## Schmatzen und schlürfen

# Echt peinlich?

Jan ist stinksauer. Seine Eltern sind ihm richtig peinlich. Sie schmieren bei Tisch rum, Mama spielt Nudelkönigin und Papa schlürft laut beim Trinken.

- Was findest du peinlich? Auf dem Fragebogen rechts kannst du mit Spielsteinchen oder Spielfiguren markieren, was dir beim Essen peinlich ist.

- **Die gelbe Spalte heißt: nicht peinlich,**
- **die blaue Spalte: peinlich,**
- **die rote Spalte: super peinlich.**

Überlege bei jedem Bild, wo dein Steinchen liegen soll.

Ellbogen aufstützen

Finger abschlecken

kleckern

in der Nase bohren

Pizza mit den Händen essen

mit vollem Mund sprechen

Füße auf den Tisch legen

# Tischmanieren: schnell gelernt

Manchmal weiß man nicht so genau, was bei Tisch erlaubt ist und was nicht.

- Vergleiche die Bildpaare. Welche Unterschiede entdeckst du? Wo siehst du, wie man richtig isst? Probiere es aus.

Mit dem Mund zum Teller, Ellbogen aufstützen und Suppe schaufeln. Viel kommt nicht im Mund an.

Der Löffel geht zum Mund. Probier es mit einer Schale Wasser und einem Löffel aus.

Möglichst viel Spagetti in den Mund stopfen. Au weia, spritzt ganz schön!

Spagetti wickeln will gelernt sein. Übe zuerst mit dem Löffel und dann ohne. Nimm nur drei, vier Spagetti.

Kirschkernspucken im Garten ist erlaubt, ist aber kein Tischsport.

Kerne durch die Faust vorsichtig auf den Tellerrand pusten. Oder mit dem Mund auf eine Gabel und dann auf den Teller legen.

Wer ist stärker: Messer oder Hühnerbein? Vorsicht: Gleich liegt das Hühnerbein bei Oma auf dem Schoß.

Hähnchenbeine darfst du zum Essen in die Hand nehmen. Am besten mit einer Papierserviette.

Dämme und Berge bauen? Die Sandkiste ist dafür ein guter Platz.

Auf dem Teller kleine Portionen mit der Gabel zerdrücken, mit Soße mischen – ab in den Mund.

# Selbstbedienung

„Lisa, leg bitte die Zeitschrift hin und komm endlich!“ Die Mutter fasst Lisa am Arm und versucht, sie vom Zeitschriftenregal wegzuziehen.
„Lass mich!“, ruft Lisa und sieht ihre Mutter trotzig an. Dann wirft sie den Comic in den Einkaufswagen.
„Das kommt gar nicht in Frage.“ Energisch greift die Mutter in den Wagen, um die Zeitschrift ins Regal zurückzulegen.
„Buäääh“, fängt Lisa an zu schreien.
„Das ist gemein! Nie kaufst du mir was!“ Sie schlägt sich die Hände vors Gesicht und heult.
Die Leute in den Gängen des Kaufhauses bleiben stehen und schauen sich nach den beiden um.
„Das ist doch gar nicht wahr, Lisa.“
Die Mutter deutet in den Einkaufswagen.
„Du hast gerade erst Fruchtgummis bekommen, und Malstifte hast du dir auch schon ausgesucht.“
„Jch will aber noch den Comic. Basta!“
„Mit dir einzukaufen ist wirklich anstrengend“, sagt die Mutter und schiebt ihre weinende Tochter vor sich her. „Es ist wohl besser, wenn du allein nach einem Geburtstagsgeschenk für Tina suchst. Schau dir die zwei Regale in der Spielwarenecke an. Vielleicht entdeckst du etwas Schönes. Jch komme gleich nach.“
Sofort hört Lisa auf zu weinen.
Zufrieden zieht sie mit dem Einkaufswagen los.
Die Mutter sieht sich noch ein wenig um, als plötzlich fürchterliches Geschrei

durch das Kaufhaus schallt. Es kommt aus der Spielwarenecke.
„Hoffentlich nicht schon wieder Lisa“, denkt die Mutter und läuft los.
Als sie in die Spielwarenabteilung einbiegt, sieht sie einen kleinen Jungen, der sich schreiend an einem Skateboard festklammert, das der Vater zurück in das Regal stellen will. Eine Verkäuferin steht daneben und redet pausenlos auf den Vater ein.
Beim Weitergehen entdeckt die Mutter dann Lisa. Sie steht mit einem voll bepackten Einkaufswagen zwischen den Regalen und versucht einen riesigen Stofflöwen oben auf ihren Spielzeugberg zu legen. Obwohl sie sich auf die Zehenspitzen stellt, fällt ihr der Löwe immer wieder runter.
Als Lisa ihre Mutter sieht, strahlt sie über das ganze Gesicht. „Schau mal, Mami!“, ruft sie stolz. „Jch hab gaaanz viel Schönes gefunden. Jetzt musst du mir nur noch helfen, den Wagen zur Kasse zu schieben.“

*Sabine Streufert*

## Und das will ich auch

# Quengelei

- Was wird Lisas Mutter wohl tun? Kauft sie die Spielsachen im Wagen? Muss Lisa alles zurückbringen?
Gibt es noch mehr Möglichkeiten?

- Für Lisas Mutter war der Einkauf anstrengend. Dauernd schrie Lisa rum, weil sie etwas haben wollte. Die anderen haben sich nach den beiden umgeschaut. Hattest du mit deinen Eltern auch schon mal Einkaufsstreit?

- An der Kasse im Supermarkt stehen oft Regale mit Süßigkeiten und kleinem Spielzeug. Sie sind extra so aufgebaut, dass Kinder gut drankommen, während sie mit den Eltern warten. Wenn die Eltern nichts kaufen wollen, fangen die Kinder oft an zu quengeln. Darum heißen diese Regale Quengelregale. Kennst du Quengelregale?

- Was könnte man in Quengelregale stellen, damit es kein Geschrei gibt? Male ein großes Regal auf ein Blatt Papier. Schneide Bilder aus Prospekten aus und klebe sie ins Regal.

- Jn der Geschichte brüllt auch der Junge mit dem Skateboard rum. Dem Vater ist es peinlich. Das nutzt der Junge aus. Meinst du, dass er so sein Ziel erreicht?

- Auf allen Bildern hier nervt und quengelt jemand. Was wollen die mit ihrem Geschrei erreichen? Wie fühlen sich die anderen dabei?

# Familie Quengelgeist

● Familie Quengelgeist will immer alles haben. Jm Kaufhaus gibt es Geschrei, wenn Mama, Papa und die Kinder nicht in ihren Lieblingsabteilungen einkaufen dürfen.

• Emil brüllt bei den Sportregalen. Er will immer Jnliner, Bälle und Tischtennisschläger kaufen.

• Anna will dauernd neue Käppis, Kuscheltiere und Sonnenbrillen.

• Papa quengelt rum, wenn er an Schokolade, Socken und Staubsaugern vorbeikommt.

• Mama macht Theater an Regalen mit Schuhen, Computerspielen und Stehlampen.

Wie kommt Familie Quengelgeist ohne Geschrei durchs Kaufhaus? Findest du einen Weg, den sie gemeinsam in Ruhe gehen können?

PC
AUSGANG

# Der Allergrößte

Hannes rast auf dem Fahrrad den Gehweg entlang. „Platz da für den schnellsten Rennfahrer der Welt!", brüllt er. Erschreckt springen die Leute zur Seite. „Du bist wohl übergeschnappt!", schimpfen sie hinter ihm her.
Hannes lacht und fegt mit Affentempo um die Kurve. Am Ende der Straße sieht er Kai, der mit dem Tretroller Richtung Spielplatz fährt. Hannes gibt Gas, schießt an Kai vorbei und legt vor ihm eine Vollbremsung hin. Kai kann gerade noch ausweichen. Mit offenem Mund starrt er Hannes an.

„Da staunst du, was?", prahlt Hannes. „Das schaffst du mit deinem Roller nie!"
„Mir doch egal", sagt Kai. „So idiotisch mag ich gar nicht fahren."
Hannes lacht. „Darum bist du auch nicht als Erster auf dem Spielplatz, du lahme Ente." Und er saust wieder los.
Kai ist froh, dass auf dem Spielplatz noch andere Kinder sind. Er mag nicht mit dem Rabauken Hannes spielen. Kai setzt sich zu Nina in den Sandkasten.
„Hilfst du mir, einen Tunnel zu graben?", fragt Nina und gibt ihm eine Schaufel.
„Klar!" Kai freut sich.
Da kommt Hannes angestürmt. „Was buddelt ihr denn da?", will er wissen.
„Einen Tunnel", antwortet Kai mürrisch.
„Super, im Tunnelbauen bin ich spitze!", sagt Hannes.
Er reißt Kai die Schaufel aus der Hand und fängt an zu graben.
„He, was soll das?", ruft Nina. „Gib sofort die Schaufel wieder her!"
„Jch will euch Nixwissern nur zeigen, wie's geht", gibt Hannes an.

„Wir brauchen dich nicht“, sagt Kai wütend. „Das können wir alleine.“
„Von mir aus!“ Hannes wirft die Schaufel hin und kickt den beiden eine Ladung Sand ins Gesicht.
Nina springt auf. „Du bist wohl nicht ganz bei Trost!“
„Und ein ziemlicher Blödmann“, schreit Kai und will auf Hannes losgehen.
Der verzieht sich lieber. „Zwei gegen einen ist unfair!“, mault er, schubst Nina zur Seite und rennt zum Kletterturm.
„Feigling!“, schimpft sie hinter ihm her.

Viele Kinder wollen die Leiter am Kletterturm hoch.
Aber Hannes hat keine Lust zu warten.
„Das ist nichts für Babys!“, ruft er und boxt sich mit den Ellbogen nach vorne.
Schon ist Hannes auf der Leiter.
„Jch bin der Größte!“, posaunt er von oben. „Und der mutigste Turmspringer!“
Keiner sagt was. Alle grinsen und halten gespannt den Atem an. Erst als Hannes wirklich springt, prusten sie los. Weil er die große Schlammpfütze unter dem Kletterturm nicht gesehen hat!
Vollgespritzt bis zur Nasenspitze sitzt Hannes im Matsch.
Auch Nina und Kai kichern.
„Volltreffer!“, brüllt Nina. „Jetzt bist du das größte Ferkel, das ich kenne!“
Hannes schaut an sich runter – da muss auch er grinsen.

*Eva Karnetzky*

# Was macht Hannes?

● Hannes hat sich ganz schön rücksichtslos benommen: Er drängelt mit dem Fahrrad, reißt dem anderen Kind die Schaufel aus der Hand und boxt mit den Ellbogen. Der Tag ist noch lange nicht zu Ende. Schau mal, was Hannes noch alles macht.

- Jst er immer rücksichtslos?
- Was würdest du anders machen?

1.59

# Die Piepegal-Kinder

● Die Piepegal-Kinder in dem Gedicht rechts sind ganz schön frech. Aber diesmal haben sie Pech. Die Bilder zeigen, was ihnen passiert.
Welches Bild gehört zu welcher Strophe?

1. Ja, meine Stadt ist bunt und schön.
Kannst du die vielen Tiere sehn?
Deine Stadt, die find ich doof.
Dein Schaf gehört auf meinen Hof.

Aus dem Weg, hier komme ich!
Denke immer nur an mich!
Die andern sind mir piepegal,
immer wieder, tausendmal.

2. Jch bin der größte Pfützenpitscher
und mach die schönsten Wasserspritzer.
Das bringt mir einen Riesenspaß!
Die andern werden klitschenass.

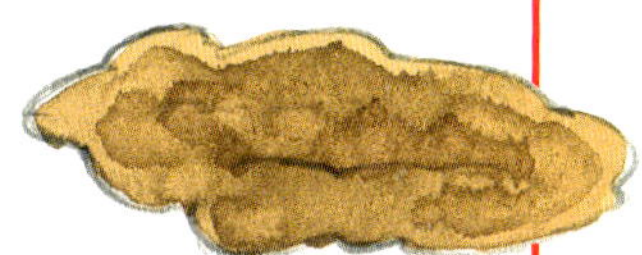

Aus dem Weg, hier komme ich!
Denke immer nur an mich!
Die andern sind mir piepegal,
immer wieder, tausendmal.

3. Was Süßes für die Leckerschmecker
bringt heut unser Kuchenbäcker.
Gib mir den Tortenteller her,
den ess ich ganz alleine leer.

Aus dem Weg, hier komme ich!
Denke immer nur an mich!
Die andern sind mir piepegal,
immer wieder, tausendmal.

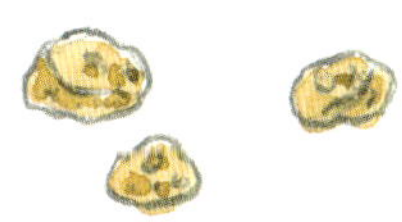

# Bitte sehr und danke schön

Nach einer langen Regenwoche scheint heute endlich wieder die Sonne. „Lutz und Johann, zieht eure Gummistiefel und Anoraks an“, ruft Mama. „Wir gehen auf den Spielplatz.“

Schon von weitem sieht Johann seine Freunde und rennt zum Sandkasten. Nur Lutz ist maulig. Er wäre viel lieber zu Hause geblieben. „Was soll ich denn hier? Jst doch alles matschig,

die Rutsche ist nass und in den Sandkasten geh ich ganz bestimmt nicht. Das ist Babykram“, schimpft er.
„Dann setz dich eben auf die Bank“, sagt Mama kurz. Sie hat gerade Herrn Lang, ihren Nachbarn, entdeckt. Er winkt ihr zu und steigt vom Fahrrad.

„Guten Tag. – Wie geht’s? – Lange nicht gesehen. – So ein scheußliches Wetter letzte Woche …“
Genervt hält sich Lutz die Ohren zu und dreht den Kopf weg. Aus den Augenwinkeln sieht er, wie Johann angelaufen kommt, um Herrn Lang zu begrüßen.

Fröhlich ruft er: „Guten Tag!“ und reicht ihm die Hand.
„So ein höflicher kleiner Mann“, staunt der Nachbar.
Da zieht Mama Lutz die Hände von den Ohren. „Willst du Herrn Lang nicht auch guten Tag sagen?“, fragt sie. „Das kannst du bestimmt genauso gut wie dein kleiner Bruder.“
„Kann ich nicht. Und will ich nicht. Keine Lust“, schreit Lutz trotzig. Er springt von der Bank und stampft wütend über den Spielplatz. „Blöden Tag, Herr Lang. Und ganz blöden Tag, blöder Johann“, grummelt er vor sich hin.
Dann hat er eine Jdee. Er läuft zur Sandkiste, krempelt sich die Anorakärmel hoch und fängt an, mit den Händen zu graben. Jmmer tiefer wird das Loch.

Als seine Arme und Hände richtig schön voll nassem Sand kleben, steht er auf und geht zurück zu den andern. Kerzengerade stellt er sich vor Herrn Lang auf, streckt ihm die sandige rechte Hand hin und sagt sehr höflich: „Guten Tag, Herr Lang."

Der sagt erst mal gar nichts. Ein paar Sekunden später ruft er: „Augenblick!" Er kramt in seiner Jackentasche und holt einen Fahrradhandschuh heraus. Den zieht er sich über und ergreift mit einem freundlichen „Guten Tag, lieber Lutz" die ausgestreckten sandigen Finger. Dann verbeugt er sich immer wieder wie ein feiner Herr und schüttelt Lutz so lange die Hand, bis fast der ganze Sand abgefallen ist.

*Eva Münnich*

# Guten Tag! Auf Wiedersehn!

Guten Tag, auf Wiedersehn,
blablabla und wunderschön ...
Mütze in die Stirn gezogen,
um Tante Grit mach ich nen Bogen.

Die Hand bleibt in der Hosentasche,
Begrüßung auf die coole Masche.
Jch schau direkt an ihr vorbei,
Benehmen ist mir einerlei.

Guten Tag, auf Wiedersehen ...
„Darf ich Jhre Tasche nehmen?"
Mütze ab und tief gebückt,
Onkel Franz ist ganz verzückt.

Jch reiche ihm zum Gruß die Hand,
lächle freundlich, sehr galant.
Ganz nah tret ich an ihn heran:
„Wie gehts uns heute, guter Mann?"

# Guten Tag!

● Jn dem Gedicht gibt es einen Begrüßungsmuffel und einen übertrieben Freundlichen. Du kannst beide Rollen mal spielen.

● Warum begrüßt man sich eigentlich?

Wir wollen dem anderen zeigen, dass wir ihn gesehen haben und ihn beachten.

- Stell dir vor, du triffst einen Freund, deinen Nachbarn oder deine Trainerin. Sie schauen dich nicht an und gehen wortlos an dir vorbei.
Wie fühlst du dich dann?
- Probier es mit einem Freund aus: Jhr trefft euch im Flur und lauft ohne Gruß aneinander vorbei.
Was denkst du über deinen Freund, wenn er nicht grüßt?

Wie geht's richtig?

Wenn Onkel Franz zu Besuch kommt:

- aufstehen
- Hände aus der Tasche
- beim Begrüßen anschauen

Man kann sich nicht für jeden eine Begrüßung ausdenken. Da müsste man immer überlegen, was passt. Darum gibt es praktische Begrüßungsworte.

Was sagt man zur Begrüßung, was zum Abschied? Guck dir die Sprechblasen an. Stimmt alles?

# Bitte, danke und Entschuldigung

Nicht nur „Guten Tag“ und „Auf Wiedersehen“ sagen ist wichtig. Auch „bitte“, „danke“ und „Entschuldigung“ sind Zauberwörter. Tina kennt sie noch nicht so gut.

- Was antworten Papa und Mama wohl?
- Kennst du die Zauberwörter?
- Du kannst die Szenen mit deinen Eltern oder Freunden spielen.

● Hier sind der Bitte-Bär, der Danke-Dachs und die Ente-Schuldigung.

• Schau die fünf Bilder an.
Wozu passen Bitte-Bär, Danke-Dachs und Ente-Schuldigung?

# Besuch von Drache Otto

Heute kommt – wie sonderbar –
zu Besuch ein Drache.
Jch denke, oh, das ist ja mal
eine coole Sache.

Er heißt Otto, sagt er mir,
ist grün und ziemlich klein.
Seine Eltern sind grad fort
und er ist ganz allein.

Leider gehts ihm nicht so gut.
Der Otto, der hat Husten
und spukt Feuer jedes Mal
beim Niesen und beim Prusten.

„Hand vors Maul!", ruf ich ihm zu.
„Sonst brennt das ganze Haus!"
Doch Otto niest und Funken sprühn –
gefährlich sieht es aus.

Es gibt kein Drachentaschentuch
in seiner Drachenhose.
Egal, denn Otto hat jetzt Durst,
trinkt Limo aus der Dose.

Ein Rülps, so mächtig wie ein Sturm,
entsteigt aus seinem Maul.
Es stinkt nach Schwefel und nach Pech
und Eiern extra faul.

Jch halt mir schnell die Nase zu
und denk: Was soll ich machen?
Ein kleiner Drache macht nun mal
so ungehör'ge Sachen.

Wir spielen dann ein bisschen Ball
und plötzlich pupst ein Ton.
Jch denke noch: Das kann nicht sein!
Jedoch da stinkt es schon.

Wo ist das Klo? Jch zeigs ihm schnell.
Bloß weg aus seiner Nähe!
Bald kommt er wieder aus dem Bad.
Oh, Schreck, was ich da sehe!

Auf dem Boden glänzen still
zwei kleine Pipipfützen.
„Scheiße", schimpfe ich erbost,
„kannst du nicht richtig sitzen?"

Beleidigt schaut mich Otto an.
„Wie kannst du so was sagen?
Das Wort gehört sich wirklich nicht,
das würd ich niemals wagen!"

*Gitta Edelmann*

# Popel, Pups und Rülps

Was machen wir, wenn wir husten, rülpsen, pupsen müssen? Hier gibt es Regeln. Kennst du sie? Kannst du dir denken, warum es diese Regeln gibt?

- Husten? Hand vor den Mund.
- Niesen? Jns Taschentuch und nicht dem andern ins Gesicht.
- Rülpsen? Nur leise und vorsichtig mit geschlossenem Mund.
- Pupsen? Am besten gar nicht, wenn Leute dabei sind. Und wenn der Bauch kneift, an die frische Luft oder aufs Klo gehen.
- Die Nase läuft? Nicht hochziehen oder auf die Straße rotzen, sondern ins Taschentuch schneuzen.
- Popeln? Und mit dem Popel in den Mund? Klares Nein!

● Was wäre, wenn es keine Regeln gäbe und jeder sich benehmen würde, wie es ihm passt?
So wie Popel, Pups und Rülps.
Die treffen sich in einem feinen Restaurant. Popel kommt als Erster angekullert. Dann zischt Pups herein.
Und Rülps? Ah, da ist er. Laut begrüßt er die Freunde.
Es geht los: Heute spielen sie wieder Gäste ärgern. Pups ist dran.
Die Bilder zeigen dir die Geschichte.
Erzähle die Geschichte.

● Kichernd sitzen Popel, Pups und Rülps unterm Tisch und freuen sich über das, was Pups angerichtet hat.
Kannst du dir vorstellen, wie die drei aussehen? Male ein Bild dazu.

● Was können Popel, Pups und Rülps noch erleben?

# Rotzfreche Wörter

- Auf den Bildern hier spricht immer einer wüst und einer übertrieben vornehm. Wie könntest du es besser sagen?

- Auch der Drache Otto ist ein ganz schöner Stinker und kann sich eigentlich gar nicht benehmen. Doch am Schluss tut er auf einmal richtig vornehm: „Scheiße“ würde er niemals sagen.
Was meinst du dazu?
Jst „Scheiße“ ein schlimmes Wort?

**Acke, Backe, Hühnerk....,**
**Ene, Mene, Maus –**
**und du bist raus.**

**Eine kleine Mickymaus**
**streckt den A.... zum Fenster raus.**
**Kriegt ihn nimmer rein –**
**und du musst sein.**

**Drei Polizisten**
**pi...en in die Kisten.**
**Einer pi... vorbei –**
**und du bist frei.**

- Jn Abzählreimen sind Wörter erlaubt, die man eigentlich nicht sagen sollte. Jn den Reimen hier fehlen Wörter. Kannst du sie einsetzen?

- Kennst du noch mehr freche Abzählreime? Du kannst dir auch selber welche ausdenken.

# Sehr verehrte Großmama!

Eva und Mama räumen auf dem Dachboden auf. Dort stehen viele Kisten mit alten Kleidern, Büchern und Spielzeug. Eva hat ein Steckenpferd gefunden und einen roten Samtbeutel voller Murmeln. Jetzt nimmt sie ein altes Buch aus der Kiste. Ein Blatt Papier fällt heraus. Sieht aus wie ein Brief. Jn Geheimschrift.
„Mama, schau mal!“, ruft Eva.
„Das ist eine ganz alte Schrift“, sagt Mama. „So hat meine Oma geschrieben. Mal sehen, ob ich das lesen kann.“

Sehr verehrte Großmama!
Geht es Jhnen gut?
Jch hoffe es!
Wir sind alle wohlauf.
Meine neue Lehrerin in der Schule ist sehr zufrieden mit meinen Leistungen. Für die Schönschrift habe ich ein Fleißbildchen erhalten. Jch durfte sogar an die Tafel schreiben: „Alle Kinder lieben unseren Kaiser.“
Die neue Lehrerin ist sehr nett. Sie schlägt nicht sofort, wenn man im Unterricht mit der Nachbarin flüstert. Beim ersten Mal muss man nur in der Ecke stehen. Jch finde das schlimm genug. Vater sagt aber, er weiß nicht, ob wir genug Zucht und Ordnung bei ihr lernen.
Jch bin ein großes Stück gewachsen. Deshalb habe ich ein neues Kleid und eine neue Schulschürze bekommen. Das Kleid ist ein bisschen kratzig, aber die Schürze ist sehr schön. Jch habe diese Woche genau aufgepasst, dass sie keine Tintenflecken bekommt. Dabei hat Fritz aus meiner Klasse in der Pause kleine Kreidestückchen in mein Tintenfass geworfen. Das hat geschäumt! Dafür hat er es mit dem Stock auf die Finger gekriegt.
Mein Bruder Wilhelm und ich waren diese Woche sehr brav. So durften wir am Sonntag mit den Eltern und dem Herrn Professor, der zu Besuch war, im Salon essen. Sonst essen wir Kinder ja in der Küche.

Jch habe Mutter auch beim Backen und Kochen geholfen. Am Samstag gleich nach der Schule haben wir angefangen. Am Sonntag trug ich mein gutes weißes Kleid und Wilhelm den Matrosenanzug. Der Herr Professor war sehr freundlich. Jch gab ihm die Hand und machte einen Knicks.

Wilhelm reichte ihm aus Versehen die linke Hand.
„Gib mir doch das schöne Händchen“, sagte der Professor nur und war gar nicht böse. Aber Wilhelm hat auch sehr brav einen Diener gemacht.
Mutter wurde mit Handkuss begrüßt.
Das sah sehr elegant aus.
Jch war froh, dass Kinder bei Tisch nicht reden dürfen, denn ich hätte gar nichts zu sagen gewusst.
Nach dem Essen gingen Wilhelm und ich gemessenen Schrittes hinaus in den Garten. Dort spielten wir Murmeln.
Wilhelm wollte lieber Stelzen laufen.
Aber dabei hätte er sich vielleicht schmutzig gemacht.
Wilhelm hat ein bisschen gepfiffen.
Jch würde das auch gerne können.
Aber ich weiß, dass es sich für ein Mädchen nicht schickt. Sie, liebe Großmama, haben es mir ja erklärt:
Mädchen, die pfeifen,
und Hühnern, die krähen,
denen muss man beizeiten
die Hälse umdrehen.
Jetzt muss ich schließen.

Mit ehrerbietigen Grüßen
Jhre Auguste

Eva summt der Kopf. Nicht pfeifen, nicht sprechen beim Essen, Fleißbildchen, Stockschläge ...
„Auguste hieß meine Urgroßmutter“, sagt Mama. „Diesen Brief hat sie vor hundert Jahren geschrieben.“
„Dann ist das ja meine Ururgroßmutter!“ Eva staunt. „Und sie hat vor hundert Jahren mit diesen Murmeln gespielt!“

Ehrfürchtig hält Eva den roten Samtbeutel in der Hand.
„Nimm ihn ruhig“ sagt Mama.
Eva steckt ihn in ihre Jeans-Tasche.
Die Murmeln klirren.
Mama und Eva räumen weiter auf.
Eva pfeift ein bisschen.
Und Mama pfeift mit.

*Gitta Edelmann*

# Knicks und Diener

● Eva hat Fotos ihrer Ururgroß-mutter gefunden. Gibt es in eurer Familie auch Kinderbilder aus alter Zeit? Wie sind die Kinder gekleidet? Und was machen sie?

● Vor hundert Jahren mussten sich die Kinder ganz anders be-nehmen. Es gab viele strenge Regeln. Wer sie nicht befolgte, wurde bestraft, manchmal sogar mit dem Stock.

- Sonntags trugen die Kinder ihre feinen Kleider. Jn den Sonn-tagskleidern durften sie nicht herumtollen und sich nicht schmutzig machen.
- Kinder mussten ihre Eltern mit „Sie" anreden und „Frau Mutter" und „Herr Vater" sagen.
- Beim Begrüßen machten die Mädchen einen Knicks. Die Jungen machten einen tiefen Diener und zogen dabei ihre Kappen vom Kopf.
- Beim Essen durften Kinder nicht reden. Überhaupt mussten sie warten, bis sie von Erwachsenen angesprochen wurden. Sonst galten sie als vorlaut.
- Niemals durften Jungen mit einer Kopfbedeckung am Tisch sitzen.
- Kinder durften erst essen, wenn der Vater „guten Appetit" gewünscht hatte.

● Jhr könnt mit euren Eltern einmal „Sonntag in alter Zeit" spielen. Verkleidet euch mit Rock, Schürze, Hut und Stock und trefft euch mit „Frau Mutter" und „Herrn Vater" zum Mittagessen. Jhr begrüßt eure Eltern mit Knicks und Diener. Dann setzt ihr euch gesittet an den Tisch, ganz gerade und die Ellbogen eng am Körper. Beim Essen werden Gabel und Löffel vornehm zum Mund geführt. Die Kinder dürfen nur sprechen, wenn sie dazu aufgefordert werden. Und nicht vergessen: Mama und Papa mit Sie anreden.

● Wer hält es am längsten aus, ohne zu lachen?

● Jetzt tauscht ihr die Rollen. Die Kinder sind Frau Mutter und Herr Vater.

**Quiz**

# Zum Schluss ein Test

- Jhr sitzt in einem schönen Restaurant. Aber das Essen schmeckt dir nicht. Was sagst du?
  - „Jch will sofort nach Hause und Fischstäbchen essen."
  - „Darf ich das Essen liegen lassen, oder mag jemand tauschen?"
  - Du schiebst den Teller weg und brüllst: „Jhh, das schmeckt ecklig!"

- Deine Nase läuft, aber du hast kein Taschentuch. Was machst du?
  - Du nimmst den Ärmel.
  - Du ziehst kräftig durch die Nase hoch und spuckst auf den Boden.
  - Du gehst aufs Klo und nimmst Klopapier oder fragst einen Freund nach einem Taschentuch.

- Du bist bei deinem Freund zu Besuch. Es gibt Hähnchen. Wie isst du das Hühnerbein am besten?
  - So?

  - So?

  - Oder so?

● Du gehst mit Papa einkaufen. An der Kasse steht ein Quengelregal mit deiner Lieblingsschokolade. Was machst du?

• Du wirfst dich auf den Boden und schreist: „Jch will was Süßes!“

• Du fragst Papa, ob er auch Lust auf Schokolade hat, und erzählst ihm, dass diese ganz toll schmeckt.

• Du legst die Schokolade einfach in den Wagen. Vielleicht merkt Papa nichts.

● Du fährst auf dem Gehweg Fahrrad. Eine Frau mit Kinderwagen geht vor dir. Wie kommst du vorbei?

• Ganz schnell ranfahren und eine Vollbremsung machen, dass es quietscht.

• Langsam heranfahren, absteigen und vorbeigehen.

• Schon von weitem laut Sturm klingeln und „Platz da“ rufen.

● Du triffst eine Nachbarin auf der Straße. Was machst du?

• Du winkst ihr freundlich zu und rufst: „Guten Tag, Frau Bauer!“

• Du guckst auf den Boden und rennst an ihr vorbei.

• Du begrüßt sie mit lautem Jndianergeheul.

SPiELEN & LERNEN

Jn der „SPiELEN & LERNEN“-Förderreihe sind bereits folgende Titel erschienen:

So bin ich – Einmalig, selbstbewusst und stark
JSBN 3-89858-244-2

Wohin läuft die Zeit? – Jahr und Monat, Tag und Stunde
JSBN 3-89858-245-0

Du und ich – Sich verstehen, sich vertragen
JSBN 3-89858-246-9

Wie viel ist viel? Zählen, wiegen, messen
JSBN 3-89858-247-7

Was mein Körper alles kann
JSBN 3-89858-272-8

Fremde Länder, gute Freunde
JSBN 3-89858-273-6

Wer ist wie? – So sind Mädchen – so sind Jungen
JSBN 3-89858-284-1

Mächtig mutig! Das Angst-weg-Buch
JSBN 3-89858-285-X

Mir gehts gut! Mein Gesund-und-munter-Buch
JSBN 3-86613-298-0

Hast du Worte? – Spielend leicht sprechen und erzählen
JSBN 3-86613-299-9

Jst pupsen peinlich? Das kinderleichte Benimm-Buch
JSBN 3-86613-510-6

Voll dabei! – Konzentration spielend leicht
JSBN 3-86613-511-4